BIBLIOTHÈQUE MORALE

DE L'ADOLESCENCE ET DU JEUNE AGE.

Publiée avec approbation
de Monseigneur l'Évêque de Limoges.

IN-12. — 4me SÉRIE.

LES

MOULINS A VENT

PAR

M. A. DE BARRAL.

LIMOGES
F. F. ARDANT FRÈRES,
7, avenue du Midi.

PARIS
F. F. ARDANT FRÈRES,
quai du Marché-Neuf, 4

LES MOULINS A VENT

LÉGENDE PARISIENNE.

I

Légende parisienne! voilà un mot qui peut surprendre Paris ; le Paris du XIXe siècle est si positif et s'occupe si peu de légendes !... Cependant Paris a ses légendes. Je me permettrai de raconter celle-ci : elle n'est qu'un peu connue... oui, un peu seulement, car, à coup sûr, sur cent mille personnes, en France, il n'y en a pas dix qui pourraient la raconter, et, à part quelques gourmets en littérature, sur mille

Parisiens, il n'y en a pas cinq qui connaissent ma légende, et à Montmartre, il n'y en a pas deux, bien certainement.

Moi-même, qui ne suis Parisien qu'en passant, j'en avais oublié les détails, mais j'ai eu la chance de me les entendre rappeler à Montmartre même. Voici comment :

Au mois d'octobre 1867, je passais presque toutes mes journées à visiter l'Exposition pour la seconde fois. Mais, malgré les merveilles de l'industrie et des arts, c'était presque dommage de s'enfermer dans ce bazar de zinc et de verre par le temps splendide qu'il faisait. Je laissais là assez souvent les merveilles et j'allais dans les squares et les jardins, voire même hors de Paris, jouir du soleil, de la brise et des feuillages qui commençaient à jaunir.

Un jour, ce fut Montmartre qui m'attira, Montmartre, ce plateau libre de maisons qui s'élève comme un front chauve au-dessus de Paris. De là je contemplais la grande cité et je rêvais. Aucun souvenir néfaste et lugubre ne s'était encore attaché à ce nom de Montmartre. Il ne me rappelait que la sainte montagne où avait coulé le sang de saint Denis et du haut de laquelle étaient descendus sur Paris la vérité et le salut. — Un autre souvenir un peu vague se réveillait aussi en moi. Une vieille et charmante légende se rattachait à ce sommet. Cette légende, je l'avais à peuprès oubliée et j'aurais bien voulu qu'on me la rappelât. Mais où trouver un Parisien qui se souciât d'une légende locale? Et, pour un habitant de Montmartre, c'eût été le faire sourire ou le faire bondir de colère que de lui demander cela, à lui, le contemporain de la grande Exposition, l'homme du progrès!

J'en étais réduit à de stériles désirs, quand, en regardant autour de moi comme une âme en peine, j'aperçus un vieux monsieur auquel je n'avais pas d'abord fait attention. Il se promenait lentement et il lisait un livre à vieille reliure et à tranche dorée. C'était un homme de soixante-cinq à soixante-dix ans, au nez et au menton pointus, à l'œil intelligent et encore vif. Il y avait quelque chose d'un peu raide dans toute sa personne, et cependant sa physionomie avait un cachet tout particulier qui ne déplaisait pas. Il était correctement vêtu de noir. J'en excepte pourtant son gilet : un gilet jaune tranchant sur le tout d'une façon assez bizarre. Il faut le dire, ses habits ne semblaient pas sortir de chez le faiseur : ils étaient bien propres, mais ils avaient été bien souvent brossés, ainsi que son chapeau, qui accusait aussi un âge respectable.

« Qu'est-ce donc, me disais-je, que ce monsieur qui se promène ainsi sur la butte Montmartre, et quel livre peut-il bien lire avec tant d'attention et de délectation ?... Serait-ce un magistrat ?... mais ce gilet jaune ! et il n'a pas de cravate blanche. — Est-ce un médecin ?... Oh ! nos médecins ne se promènent guère, de peur qu'on ne les soupçonne d'avoir des loisirs. — C'est un journaliste peut-être ?... les journalistes sont plus élégants que cela et les vieux matadors du journalisme ont équipage. — J'y suis... c'est un ministre protestant... Non, pourtant, car il aurait avec lui sa femme, sa fille et son parapluie. — Donc, c'est un professeur... nos jeunes professeurs, je le sais, n'ont pas des habits râpés ; mais un vieux professeur retraité ?...

Oh ! c'est bien cela... il cherche le calme et il lit les classiques.

J'en étais là de mes conjectures, quand un coup de vent vint emporter un signet du livre de mon inconnu. Je me hâtai de le ramasser et je le présentai le plus poliment possible.

— Monsieur, voici un petit papier qui s'est envolé de votre Virgile.

Le vieux monsieur porta vivement la main au pan de sa redingote.

— Mon Virgile est dans ma poche, me dit-il en souriant ; mais c'est de mon Télémaque, du livre que je lis en ce moment, que le papier s'est envolé. Je vous remercie, monsieur.

Plus de doute... un homme qui lit Télémaque en se promenant sur la butte Montmartre et qui a un Virgile dans sa poche ne peut être autre qu'un professeur de belles-lettres.

Et je devinais juste.

Nous liâmes bien vite conversation, et je sus dans le détail tout ce qui concernait mon promeneur. C'était un ancien professeur du lycée de Niort ou de La Rochelle. Il vivait retiré dans une petite ville de l'Ouest. Avec une honnête pension, l'Université, en bonne mère, lui avait donné des loisirs, *nobis hæc otia fecit.* Il les passait, ces loisirs, dans son cher cabinet tout orné de vieilles et belles éditions, et dont la fenêtre s'ouvrait sur le jardin. Là, il lisait Fénelon, Horace et Virgile, tout en jetant un coup d'œil sur les fleurs qu'avait semées sa femme et qu'arrosait sa fille. Il se trouvait momentanément à Paris, chez M. le marquis de F..., dont le fils avait été son élève. Le marquis l'avait invité à venir passer chez lui quelques semaines, à l'occasion de l'Exposition, et l'avait prié de mettre un peu d'ordre dans sa bibliothèque. Ce doux labeur, des visites au palais du Champ-de-Mars et aussi quelques promenades solitaires et studieuses remplissaient ces moments qu'il sacrifiait à Paris, loin, hélas! de sa famille, de ses vieux livres et de ses fleurs.

Nous eûmes bientôt fait connaissance, et, dans le cours de notre entretien, je lui parlai de ce qui m'occupait au moment où j'avais fait sa rencontre, c'est-à-dire de la Légende des Moulins à vent, légende qui m'avait tant intéressé autrefois quand on me l'avait donnée, en seconde, comme sujet de narration.

— Et moi aussi, me dit-il, quand j'étais professeur de belles-lettres, j'ai donné cela en narration à mes élèves. Mais il y a plus... je l'ai entendu naguèrera conter par un habitant de Montmartre.

— Par un habitant de Montmartre !... Il y a encore à Montmartre des gens qui songent aux vieilles légendes?...

— Comme je vous le dis... C'est une bonne fortune.

— Eh! oui... Alors, monsieur, vous allez me la raconter à votre tour, n'est-ce pas ?

— Il y a plus encore...

— Quoi donc ?

— Le bonhomme de Montmartre savait bien les détails, mais il n'avait pas de noms propres pour les héros de la légende. Eh! bien, je les ai trouvés dans un vieux livre de la bibliothèque de M. le marquis.

— A merveille ; je vous écoute.

— Oh ! je tiens à faire les choses en règle, et quand je raconte, j'aime à mettre les points sur les *i*. Ces noms, je les ai un peu oubliés, il faut que je revoie le livre ou même que je l'apporte... pour les noms seulement, car il raconte l'histoire par trop succinctement, et il n'y met pas la grâce du vieillard de Montmartre.

— Alors?...

— Alors, monsieur, puisque la légende vous intéresse, je vous donne rendez-vous ici, demain, à pareille heure.

— Je vous remercie mille fois, croyez que je serai exact.

Quand je rentrai, rue Drouot, je ne manquai pas de dire à ma tante la rencontre que j'avais faite. Elle eut bien voulu m'accompagner au rendez-vous, rien que pour voir le gilet couleur d'orange; mais elle redoutait l'ascension du pic de Montmartre. Il fut donc convenu que le lendemain, armée d'une longue-vue, elle se poserait en observation à son balcon d'où l'on découvrait justement l'endroit où nous devions nous asseoir.

Je fus rendu le premier sur le plateau. Je m'assis, je braquai aussi une lorgnette dans la direction de la rue Drouot, et j'aperçus ma tante à son poste, cherchant consciencieusement le gilet jaune.

Je riais de bon cœur... quand je vis

à deux pas, un peu en arrière, le vieux monsieur qui me considérait sans rien dire, et, je dois l'avouer, d'un air un peu narquois.

— Quelle étoile, pensait-il, mon amateur de légendes cherche-t-il donc ainsi dans Paris ?

Bien qu'il fût assez discret pour ne rien me demander, je m'empressai de lui apprendre que c'était ma tante, ma bonne tante, que je cherchais et que je découvrais en effet à son balcon.

Le vrai peut quelquefois n'être pas vraisemblable.

Le vieux professeur voulut bien croire que ce que je disais était *le vrai*, mais cela ne lui paraissait pas *vraisemblable*... Je le voyais bien. Et pourtant c'était le vrai, et, en ce moment même, ma tante avait rencontré, devant l'objectif, le gilet jaune et *l'admirait*.

Mon vénérable ami s'assit à mes côtés, et il me montra le petit livre qu'il avait apporté : *le Mentor à la mode*. En tous cas, ce n'était pas le mentor à la nouvelle mode, c'était une édition de 1736. Il y prit les noms propres et il commença.

Je ferai grâce au lecteur des citations d'Horace et de Virgile dont il émailla la narration. Mais je voudrais bien laisser au récit un peu de sa forme naïve et de sa teinte classique, et même parfois fénelonienne. Je ne sais si je réussirai.

II

Autrefois, dans un village voisin de la montagne de Montmartre, demeurait un meunier fort riche, nommé Childerand. Son moulin était bien le plus joli moulin qu'on pût voir à vingt lieues à la ronde. Une rivière aux eaux claires et intarissables, des peupliers et des saules sur les rives, de vertes et grasses prairies tout à l'entour, enfin une maisonnette charmante, des étables pleines de troupeaux, des cours où s'ébattait un peuple de volailles ; tout cela était à l'heureux meunier Childerand.

Mais le bonhomme possédait un trésor bien plus précieux encore : c'était Juliane, sa fille unique.

Si le moulin était le plus joli qu'il y eût à vingt lieues à la ronde, la jeune meunière était bien la plus belle fille qu'on pût trouver dans tout le pays de France.

Sa beauté faisait bruit, on en parlait à la cour. Les seigneurs qui chevauchaient par là ne pouvaient se lasser d'admirer Juliane et de faire son éloge.

Le roi avait dit plusieurs fois : Je voudrais bien connaître Juliane. — Et un jour, en revenant de la chasse, il était entré au moulin et avait demandé un verre de lait rien que pour voir la jeune fille, et il l'avait trouvée plus belle en effet que toutes les dames de sa cour.

Si les grâces de Juliane attiraient chez elle jusqu'au roi de France, je ne vous surprendrai point en disant que sa réputation lui avait aussi attiré un nombre prodigieux de prétendants. Chaque jour il en venait de nouveaux qui oubliaient tout dès qu'ils avaient vu Juliane. Dans l'espoir d'obtenir un jour sa main, ils restaient chez le vieux Childerand. Jamais moulin n'avait été mieux servi que le sien. Quelque ouvrage qu'eût le meunier, il trouvait toujours des ouvriers tout prêts et qui ne lui coûtaient rien. Comme jamais l'eau ne manquait ni les ouvriers non plus, les clients affluaient et le moulin était le mieux achalandé du pays.

Et ce n'étaient pas seulement des gens du métier qui s'attachaient au père de Juliane. Des jeunes gens de tout état et de beaux jeunes seigneurs endossaient l'habit blanc et se faisaient garçons meuniers. C'était merveille vraiment de les voir rivalisant de zèle, allant, venant, travaillant de leur mieux, levant les pelles, portant les sacs de farine, conduisant les chevaux et ne demandant pour tout salaire qu'un sourire de Juliane et un mot de sa bouche.

Au milieu de tout ce mouvement dont elle était la cause, l'aimable enfant restait toujours la même : calme et rieuse, bonne et douce pour tout le monde. Elle ne montrait de préférence pour aucun, mais elle ne décourageait personne. Elle recevait avec reconnaissance les petits services qu'on lui rendait, acceptait les bouquets qu'on lui offrait, ne se fâchait pas quand on déposait un vase de fleurs nouvelles sur sa fenêtre. Elle donnait un sourire pour un compliment, mais elle ne prêtait aucune attention aux demi-mots et faisait la sourde oreille quand on voulait s'expliquer plus clairement. Et ce n'était pas chez elle manœuvre de coquetterie, ce n'était pas non plus complète indifférence. Le cœur de Juliane avait bien fait son choix, mais personne n'avait surpris son secret, et à peine ses yeux, bien malgré elle, l'avaient-ils révélé au jeune garçon qu'elle préférait. Juliane ne voulait pas contrarier son père, elle ignorait ses vues, et, on le comprend, le rusé meunier trouvait si bien son compte à attendre qu'il ne se pressait pas de se décider.

III

Je ne sais s'il eût encore temporisé longtemps et si les charmes de Juliane eussent été éternels, mais comme toutes les choses de ce monde sont sujettes au changement, il arriva une sécheresse si grande que tous les ruisseaux, que toutes les rivières tarirent, même celle du meunier Childerand, chose qui ne s'était jamais vue.

Childerand qui ne savait guère ce que c'était que la peine, et qui n'avait pas éprouvé un chagrin depuis la mort de sa femme, Childerand fut frappé comme d'un coup de foudre. Quoiqu'il fût riche et qu'il ne s'attendît pas à son travail pour vivre, la perte qu'il prévoyait l'abattit à un tel point qu'il en perdit la gaîté, l'appétit et la santé et qu'il devint méconnaissable, à peine ceux qui l'approchaient osaient-ils lui parler...

— Ah ! oui, m'écriai-je alors... comme Calypso,.. *les nymphes qui la servaient n'osaient lui parler...*

Mon digne narrateur s'arrêta tout scandalisé.

— Eh ! bien, quel mal y a-t-il à se ressouvenir de Télémaque ?... Et Fénelon est-il un auteur qu'on ne puisse imiter sans encourir le blâme ?...

Je m'excusai, de mon mieux, de mon étourderie et je promis de ne plus interrompre.

Il faut croire que mon incartade émut profondément le professeur de belles-lettres, car le soir à mon retour, ma tante qui avait suivi de loin le récit à l'aide de sa lunette et qui cherchait à comprendre, me tança vertement :

— Qu'avez-vous donc dit à ce bon vieux monsieur ? A un moment sa figure fut bouleversée, ses gestes étaient indignés, ses paroles ont dû être véhémentes, son regard tombait sur vous plein de surprise et de colère.

Eh ! je m'en étais bien aperçu.

Enfin, tout à fait calmé, le narrateur continua :

..... Oui, ceux qui l'approchaient n'osaient lui parler. Il était devenu sombre, maussade, bourru, rebutant tout le monde. Les pauvres amoureux n'auguraient rien de bon de tout cela, et ils avaient raison, car, un jour, le chagrin fit prendre au meunier une résolution violente. Pour se débarrasser du plus grand nombre des soupirants, il déclara qu'il ne donnerait jamais sa fille qu'à un meunier comme lui.

Un coup d'arquebuse n'eût pas produit plus terrible effet au milieu d'une bande d'étourneaux. On poussa un cri général de surprise, on fit des réclamations, on se lamenta, on menaça, on tempêta, on supplia, on pleura, mais tout fut inutile. Childerand resta impassible et froid comme un pilier d'église. Il fallut bien prendre son parti. Les grands seigneurs décampèrent, les financiers, les gens de robe, les fils de bourgeois et de marchands s'en allèrent l'oreille basse, les jeunes fermiers retournèrent à leur charrue, si bien qu'il ne resta plus que sept garçons qui étaient dans la condition voulue par le meunier.

La belle Juliane ne vit point avec peine partir tous ces beaux messieurs, bien au contraire. Son cœur n'était point ambitieux, il n'avait désiré ni la grandeur des gentilshommes ni la richesse des financiers; celui qu'elle avait distingué était justement parmi les sept qui restaient.

Ceux-ci ne furent pas fâchés non plus du départ de leurs rivaux, ils n'avaient plus contre eux ni la richesse, ni la naissance, ils reprirent confiance. Ils se mirent avec plus d'ardeur au travail, non plus à celui du moulin, qui chômait toujours, mais à l'exploitation des terres de Childerand. Ils s'efforçaient de faire leur cour au père plus encore qu'à la fille; mais c'était bien peine perdue, le digne homme n'en était que plus bourru et la gaîté ne revenait pas plus sur son front que l'eau à son moulin.

C'était pitié pourtant de voir les pauvres jeunes gens qui avaient laissé là encore une fois le travail et qui ne savaient pas à quel saint se vouer, c'était pitié de les voir traîner çà et là leur ennui, se fuyant les uns les autres, errant seuls, gesticulant et parlant tout haut, tantôt courant comme de pauvres égarés, tantôt restant des heures entières immobiles et versant des larmes comme des biches blessées...

— Eh !... toujours comme Eucharis et les nymphes... après la fameuse chasse !... m'écriai-je encore.

— Monsieur... vous m'aviez promis... si vous tenez à ce que je continue...

— Oh !... c'est vrai... mais c'est une simple plaisanterie, ne vous en offensez pas... ce sera, bien sûr, la dernière...

— Allons, soit... je continue :

..... Un seul semblait avoir plus d'énergie, c'était Jacob surnommé le Jeune, le préféré de Juliane. Le regard de la jeune fille lui avait dit sans doute : espoir et confiance ; car la jolie figure du garçon était moins sombre et ses grands yeux noirs avaient un feu qui semblait éteint chez les autres.

Enfin, la folie des prétendants devint si intense, leur importunité si grande, que le meunier se résolut à mettre fin à tout cela et à se défaire une bonne fois de tous ces beaux-fils.

— Messieurs, leur dit-il un jour, il faut prendre un parti, vous maigrissez, vous desséchez, vos têtes se fêlent; la liqueur, quand elle fermente trop, fait éclater le cruchon; dans votre intérêt, je vous annonce donc que dimanche prochain je vous proposerai les derniers moyens par lesquels l'un de vous pourra obtenir ma fille.

Je vous laisse à penser si les imaginations trottèrent et si tous ces grands enfants attendirent le dimanche avec anxiété.

Le dimanche soir, au sortir des vêpres, le meunier les fit assembler dans sa grange, et montant sur le tambour de ses meules, il leur tint, je ne dirai pas à peu près, mais textuellement ce langage : — car je veux prendre son discours tel qu'on le trouve dans le vieux livre; — l'on verra combien, dans ce temps-là, les meuniers étaient éloquents.

Après avoir promené ses regards autour de son tremblant auditoire, et avoir toussé trois fois, le fier Childerand parla ainsi :

« Je vous ai fait venir ici, messieurs,
» pour vous dire une bonne fois que je
» n'ai qu'une fille et que je n'en ai pas sept;

» il n'y a cependant pas un seul de vous
» qui ne me la demande et qui ne veuille
» l'avoir. Si je la donne point du tout, vous
» direz tous sept que je vous amuse et que
» je me moque de vous. Comment faire?...
» Je rêve depuis longtemps à vous don-
» ner satisfaction et quoique vous ne m'en
» donniez guère par vos importunités[1], je
» voudrais bien cependant vous faire plai-
» sir à tous. Je connais vos mérites et vos
» bonnes qualités : plusieurs d'entre vous
» sont des ivrognes, d'autres jouent tout
» ce qu'ils ont, jusqu'à leur chemise. —
» Vous n'avez que faire d'ôter vos cha-
» peaux, il ne me faut rien pour cela. —
» Je continue : Il y en a parmi vous qui
» aiment bien le travail ; il y en a d'autres
» qui sont des fainéants. Tous le monde
» ne peu pas aller droit. J'ai été droit
» pendant cinquante ans, je suis cependant
» courbé aujourd'hui. Tout cela est pour
» vous prouver que chaque chose a son
» temps, Juliane est aujourd'hui fille,
» demain elle sera mariée, mais à qui ?...
» Voilà le fait. Il ne s'agit que d'une baga-
» telle pour l'avoir. La sécheresse de cette
» année est grande, comme vous le savez,

» nos moulins ne vont point et ne m'ont
» pas la mine d'aller de si tôt. Le même
» inconvénient, qui leur arrive aujourd'hui, peut arriver les autres années;
» que sait-on?... la chose est incertaine.
» Si les années qui vont suivre ressemblent à celles qui sont passées, adieu les
» meuniers... ils iront tous à l'hôpital. Il
» faut donc prévenir ces choses; l'affaire
» n'est pas si difficile qu'on pourrait se
» l'imaginer.

» Quoiqu'il en soit, je vous annonce
» que je ne donnerai ma fille qu'à celui
» qui moudra mon blé sans eau et bâtira
» un moulin sur cette montagne.

» J'ai fini, messieurs, c'est là mon dernier mot. »

Les prétendants de Juliane s'entre-regardèrent et commencèrent à se tourner vers la porte.

— Eh! bien, messieurs, eh! bien, disait de sa place maître Childerand, d'un air goguenard, est-ce que vous reculeriez?... est-ce que vous lâchez pied?... la chose est-elle donc si difficile?...

Mais les jeunes gens se retirèrent les uns après les autres, en se disant mutuellement, le vieux fou se moque de nous, si sa fille n'est jamais mariée qu'à cette condition, il pourra bien la garder aussi longtemps que son blé dans son grenier.

La pauvre Juliane, qui avait trouvé moyen de tout écouter sans être vue, faillit tomber de son haut quand elle entendit la condition que son père mettait à son mariage. Mais elle se rassura un peu et son cœur se sentit vivement ému quand elle s'aperçut que six garçons seulement étaient partis, qu'un seul restait debout en face de son père et que celui-là était Jacob-le-Jeune.

— Maître Childerand, dit Jacob, vous avez cru vous débarrasser de nous tous, la condition que vous nous avez imposée semble impossible, eh! bien, moi je tenterai l'impossible.

— A ton aise, mon garçon, dit le meunier en riant.

— Un amour comme le mien ne se décourage jamais, il peut faire des prodiges.

— Ha! ha!... vraiment?... nous allons voir de belles choses.

— Encore un mot, Childerand : si je

remplis la condition, suis-je sûr d'épouser Juliane?...

— Oui, oui, s'écria le meunier en descendant de son siége et en riant aux éclats, je serais difficile si je refusais pour fils un garçons si habile : frappez-là, mon gendre futur... Et le meunier saisit dans sa large main celle du jeune homme et, le regardant de son air le plus ironique.

— Bâtis ton moulin, tu auras ma fille.

— Oui, je bâtirai un moulin là-haut, s'écria Jacob en étendant la main avec un geste plein de feu, je le bâtirai ou je mourrai : Juliane ou la tombe... je n'ai plus à choisir.

— Allons, bonne chance!...

Et le meunier tourna le dos et s'éloigna en haussant les épaules.

Au fond et malgré ses sarcasmes, le bonhomme se sentait touché d'un affection si ardente et d'une pareille constance.

Juliane, vivement impressionnée par tout ce qu'elle venait d'entendre et oubliant sa timidité, alla se placer auprès d'un saule au pied duquel elle avait planté quelques fleurs grimpantes dont les feuilles et les jolis bouquets s'enlaçaient aux branches de l'arbre et formaient de gracieux festons. Quand Jacob vint à passer elle l'appela :

— Jacob, j'ai tout entendu, je vous remercie de votre dévouement ; mais ne craignez-vous pas d'entreprendre là une tâche au-dessus de vos forces ?

— Rien n'est impossible quand on aime comme moi, répondit vivement le meunier.

— Courage donc, dit la jeune fille en rougissant beaucoup, je désire que vous réussissiez.

Et la pauvre enfant s'enfuit comme si elle eût commis un crime.

— Je vous laisse à penser si cette parole fut un baume délicieux pour le cœur du jeune homme. Il s'en alla d'un pas allègre, faisant les plus beaux rêves, comme si bâtir un moulin sur une montagne eût été la chose la plus facile du monde.

Une idée grossière encore avait germé dans son esprit, idée probablement irréalisable et qui n'était sans doute pas celle qui contenait la solution du problème, mais enfin elle lui souriait, lui avait donné l'espérance, il voulait la méditer à son aise.

Pour cela il fit une grande provision de vivres, il bâtit sur cette montagne une cabane en planches dont la porte s'ouvrait en dehors, il s'y enferma pour ruminer son idée et arrêter ses plans.

Jacob passa bien du temps à méditer, à combiner, à faire et à défaire, tantôt croyant avoir trouvé la solution, tantôt désespérant d'en venir à bout.

Le soir, après des journées bien occupées, il passait de longues heures assis devant la porte de sa cabane, regardant les mille lumières qui scintillaient dans Paris ou aspirant l'air qui lui arrivait après avoir agité les saules et les peupliers de la demeure de Juliane. Alors il se perdait dans de douces rêveries qu'il continuait pendant le sommeil de la nuit.

— ...... Oui comme...... murmurai-je alors... mais je m'arrêtai à temps, et le brave homme tout animé par son récit, ne s'aperçut pas, fort heureusement, de ma rechute dans le péché. — Il continuait donc...

— Jacob allait de temps en temps chez Childerand.

— Jacob tient son moulin, disait le

meunier, quand il voyait le jeune homme arriver d'un pas leste, la tête haute et l'air rayonnant.

— Ça va mal... tes bans, ma chère Juliane, ne seront pas publiés dimanche, disait-il d'autres fois, lorsque le jeune garçon s'avançait lentement, le front penché et soucieux, osant à peine aborder l'entêté meunier.

Quand Jacob était gai, quand il croyait toucher au moment fortuné de sa découverte, la bonne Juliane partageait vivement ses joies et son espoir. Elle le consolait au contraire, l'encourageait, le reconfortait lorsqu'il était triste, qu'il doutait de lui-même et qu'il désespérait. Jacob regagnait toujours sa petite cabane le cœur plus content, l'esprit plus fort et plus disposé à de nouvelles tentatives.

Cette cabane, il l'avait posée sur quatre soliveaux en croix, il l'avait mise sur une grosse pierre qui s'était rencontrée là par hasard, trouvant sa maisonnette mieux située ainsi que sur un sol humide. Un jour qu'il faisait grand vent et que sa porte été ouverte, il sentit sa cabane tourner. Effrayé il sortit avec précipitation et il fut bien surpris de voir sa porte, qui auparavant s'ouvrait du coté de Paris, placée maintenant presque dans le sens opposé.

Un éclair d'intelligence frappa son entendement, une vive et subite lumière éclaira son esprit. Ce qu'il cherchait, la solution de son problème, son bonheur, son avenir, sa vie, le ciel venaient de lui envoyer. Il tomba à genoux ivre de joie et il remercia Dieu par la plus fervente prière qu'il eût jamais faite.

Il comprit en effet cette force du vent, et il vit que s'il pouvait parvenir à former une roue dont les ailes ressemblassent à sa porte et fissent ce qu'elle venait de faire, il pourrait donner le mouvement à des meules.

Tout hors de lui, il fut sur le point de descendre jusqu'à la maison de Childerand pour se venger, une bonne fois, de ses sarcasmes et pour faire part de son bonheur à sa chère Juliane; mais craignant quelque nouvelle déception, il n'en fit rien. Il voulaitavoir quelque chose de positif à annoncer.

Il se mit à l'ouvrage; il avait de l'esprit, il était adroit, il fit un modèle en petit et il vint à bout de faire tourner des ailes à peu près comme on le voit aujourd'hui.

Alors il alla confier sa découverte, non point encore à Childerand — l'expérience le rendait circonspect et prudent — mais à Juliane.

La jeune fille était alors assise à l'ombre, occupée à un ouvrage d'aiguille, sa physionomie avait quelque chose de mélancolique et de rêveur, et ses yeux se tournaient souvent vers la montagne et vers le sentier que suivait Jacob quand il venait au moulin. Elle trouvait bien qu'il tardait un peu à venir et elle n'augurait rien de bon d'une absence plus prolongée que de coutume. Elle avait tort : elle le vit bien quand elle aperçut Jacob qui arrivait le visage rayonnant et l'air heureux. Il s'assit auprès de la charmante enfant et il y eut entre eux une conversation vive, animée, mais mystérieuse. La joie, l'espérance, le ravissement étaient dans leur voix, dans leurs regards, dans tous leurs gestes. Juliane souriait doucement, quelques larmes brillaient sous ses cils soyeux, mais c'étaient des larmes de bonheur pareilles à ces gouttes qui s'échappent des bords d'un vase trop rempli.

— Ah ! te voilà, Jacob ?... dit tout à coup une grosse voix, je ne te savais pas là, mon garçon ; il me semble qu'il était convenable de venir me saluer avant d'aller ainsi conter fleurette à cette belle éplorée. Et vous, mademoiselle, croyez-vous que votre père soit de trop quand on vient vous faire des confidences ?...

Une apparition de l'autre monde, se montrant tout à coup au milieu d'une fête, ne produit pas un plus terrible effet que l'arrivée subite du meunier. Les pauvres jeunes gens se levèrent tout tremblants et balbutièrent quelques paroles sans suite.

— Oui... oui... dit le bourru, il paraît que vous tenez la pie au nid. Quelque nouvelle folie t'aura passé par la tête, mon beau gendre, et vous voilà tous les deux dans le ravissement. Eh ! bien, je vous déclare que je suis las d'attendre et si...

— Maître Childerand, vous n'attendrez pas longtemps, je suis sûr du succès.

— Oui dà !... dit le meunier, en ricanant, ton moulin est bâti ?...

— Il le sera bientôt, d'ici vous le verrez s'élever...

— Bien, bien... Combien demandes-tu de temps pour cela?...

— Mais... j'espère que dans trois mois...

— Je te prends au mot... trois mois c'est un peu long, enfin trois mois, soit. Mais je te déclare que si dans trois mois, à dater de ce jour, ton moulin n'est pas monté et n'a pas donné de la farine, tu devras renoncer à Juliane : je donne ma fille à un autre. D'ici là je me passerai de tes visites et mademoiselle aussi... comprends cela. Salut, Jacob.

Et le meunier tourna le dos. — La pauvre Juliane, toute en pleurs, suivit son vieux père, qui rentra chez lui en grommelant; mais elle put, à la dérobée, adresser à Jacob un regard plein d'encouragement.

La fidélité de Juliane, la déclaration si nette de Childerand, le terme si court qu'on lui fixait redoublèrent l'ardeur de Jacob. Il travailla si bien que, deux mois après, de sa propre cabane il avait fait un moulin. Il y mit des meules, les ailes tournèrent au vent et le moulin donna de la farine.

IV

Par une belle matinée de septembre, une foule immense couvrait la montagne de Montmartre et entourait une construction d'une forme jusqu'alors inconnue. Le bruit de la découverte de Jacob s'était répandu dans tous les environs, et l'on savait que c'était ce jour-là que le meunier Childerand devait se rendre avec sa fille au nouveau moulin, afin de juger si l'on avait rempli ses conditions, résolu, dans ce cas, à remplir, lui aussi, sa promesse.

Le concours de nobles, de bourgeois et surtout de gens du populaire était énorme. On environnait la prodigieuse machine, on examinait sa structure et principalement les longues ailes en forme de croix, qui pendaient immobiles, retenues qu'elles étaient par des liens.

Les propos de toute sorte circulaient dans la bruyante assemblée. Comme toujours, les uns tenaient pour l'inventeur et prenaient chaudement son parti; les autres ne voulaient pas croire à la réalité de sa découverte, et, jusqu'à ce qu'ils l'eussent vu de leurs yeux, niaient la possibilité d'un heureux résultat.

— Quelle admirable invention, disait une jeune femme tenant un enfant entre ses bras, grâce à elle, nous ne craindrons plus la disette et nos enfants ne risqueront plus de mourir de faim.

— Que de génie et de patience, disait un vieillard, il a fallu pour concevoir ce projet, l'exécuter seul, comme Jacob l'a fait, et mener à bonne fin une pareille entreprise.

— Dites donc plutôt, que d'amour il a fallu... s'écria vivement une jeune fille, au milieu d'un groupe de ses compagnes : vous savez sans doute l'histoire de Jacob; c'est son amour pour Juliane qui a triomphé de tout.

— Oh ! quand on aime, on a du génie, dit une autre jeune fille.

— Et du courage... Heureuses celles qui sont aimées, dirent-elles toutes ensemble.

— Oui, mes belles, vous voudriez des prétendants comme Jacob, se mit à dire un jeune fat, mis avec une suprême élégance ; mais vous parlez de l'avenir de Juliane ; attendez que ces quatre grands bras aient tourné au vent, nous ne sommes pas au bout.., Quand j'aurai vu de la farine, je dirai comme vous.

— Oh ! vous attendrez longtemps, mon cher, s'écria un damoiseau qui portait l'épée au côté et une belle plume à son feutre, comment voulez-vous qu'un pauvre petit paysan ait fait pareil miracle. Eh ! eh !... nous allons être témoins d'une divertissante comédie.

— Et dire qu'il y a des gens assez simples, reprit le premier, pour croire que cette informe machine va tourner au gré du vent et faire mouvoir des meules ! Jacob, un garçon qui n'a pas deux sous vaillants, avec quelques planches, une serpe et un marteau, aurait créé une industrie nouvelle et d'un résultat incalculable !... C'est par trop fort... Comme vous le dites, Messire, nous allons grandement nous divertir aux dépens du pauvre niais d'amoureux.

— Messieurs, dit alors une des jeunes filles, c'est le dépit qui vous fait parler. Vous étiez du nombre des prétendants de Juliane et l'on vous a évincés. Je vous reconnais. Vous, monsieur Graindor, avec vos galons, vos bagues et les écus qui résonnent dans votre poche, vous croyiez éblouir la jeune meunière. Et vous, messire Roland, avec votre épée et votre toque de gentilhomme, vous vous imaginiez que vous alliez emporter d'assaut le cœur de la petite paysanne, et maître Childerand serait très honoré, pensiez-vous, en vous donnant sa fille. On n'a voulu ni du seigneur, ni du financier, et certes, on a bien fait. Jacob, lui, avait ce qui vous a toujours manqué, et le cœur vaut mieux que l'or et la naissance.

Les deux élégants se pincèrent les lèvres de dépit.

— Du reste, messieurs, ajouta la maligne jeune fille, nous allons voir qui de nous aura raison. Voici Childerand et la belle Juliane, l'on n'attendait plus qu'eux.

— Pauvre bonhomme ! murmura le jeune seigneur en haussant les épaules.

— Petite sotte de paysanne ! elle ne méritait pas mon amour, dit avec dédain le financier en passant les doigts dans sa chevelure et en faisant une pirouette sur ses talons.

— Heureuse, heureuse Juliane ! crièrent toutes les jeunes filles en battant des mains.

En même temps, la foule s'ouvrait pour faire place à Childerand, qui s'avançait appuyé sur le bras de sa fille. La joie et l'espérance étaient au fond du cœur de Juliane ; mais elle baissait les yeux et rougissait sous les mille regards qui s'attachaient sur elle. Sa modestie, son émotion, son trouble donnaient à sa beauté un charme nouveau. Un murmure d'admiration l'accueillait à son passage.

Pour cette grave circonstance, maître Childerand s'était composé un visage impassible. Il ne voulait pas, en cas que la chose tournât mal, montrer d'avance un espoir qui le rendît la risée du public ; il ne voulait pas non plus, si Jacob réussissait, laisser croire qu'il avait trop douté de l'habileté et du génie de son gendre futur. — Il y avait dans Childerand plus d'étoffe qu'il n'en faut pour faire un diplomate.

Jacob alla saluer la jeune fille et son père, et la multitude demanda que l'on commençât l'expérience.

Mais Childerand, étendant la main, fit signe qu'il voulait parler... tout le monde écouta avec grande attention.

— Chers concitoyens, dit l'orateur, vous êtes instruits de la promesse que j'ai faite et de la singulière condition que j'ai mise au mariage de ma fille. Je dois avouer que je n'avais dans tout cela d'autre but que de me débarrasser des importunités de sept amoureux. Sept amoureux, grand Dieu!... il n'en faut pas tant pour faire perdre la tête... vous ne savez pas ce que c'est que des amoureux...

— Si, si, maître Childerand, lui cria-t-on, si, continuez.

— Enfin, pour les mettre poliment à la porte, je leur ai demandé l'impossible. Eh bien! Jacob, le garçon que voilà, a tenu bon; il a été plus sage ou plus fou que les autres, et il a bâti ce moulin. Comme un honnête homme n'a qu'une parole, je déclare de nouveau devant vous que si la chose va bien, si ce moulin fait de la farine, je donne ma fille à Jacob, vous serez tous témoins des fiançailles.

— Bravo, bravo !... s'écria-t-on de toute part, vive Childerand !

Le meunier, fier de son succès, se préparait à continuer et à ouvrir toutes les écluses de son éloquence, mais on demanda à grands cris à voir manœuvrer le moulin.

Tout était prêt; il faisait grand vent; les circonstances étaient favorables. Jacob, l'air résolu et le sourire sur les lèvres, s'avance, défait les liens qui retenaient les ailes :

— Voici, dit-il, regardez !

Mais rien ne bougea, les ailes restèrent immobiles... Il y eut quelques secondes d'attente; tous les yeux étaient fixés sur le moulin, toutes les respirations étaient suspendues; il régnait un silence à peine interrompu par les ricanements des jaloux.

Juliane sentit son cœur se serrer. Deux minutes s'écoulèrent, même immobilité...

Alors une clameur immense s'éleva de la foule; des huées épouvantables, de sanglantes railleries succédèrent à l'admiration et à la bienveillance. Jacob, le front baissé, les lèvres contractées, était aussi immobile que son moulin. Il semblait anéanti par l'excès de son malheur, tandis que la pauvre Juliane, pâle comme un suaire se laissait aller dans les bras du vieux meunier.

— Attendez, attendez au moins un instant, disaient quelques voix amies.

— Eh! que voulez-vous attendre? la chose est jugée, répondait-on.

— Oh! l'ingénieux mécanicien! disait financier.

— Oh! le fameux inventeur! ajouta le gentilhomme.

— Oh! le bel amoureux, l'heureux fiancé!... répétaient en chœur les autres prétendants de Juliane.

— Pauvre Jacob!... pauvre Juliane! disaient en pleurant les jeunes filles.

— En triomphe!... conduisons-le en triomphe! hurlait la populace. Oui! en triomphe, monté à l'envers sur un âne... il le mérite bien.

Hors de lui, exaspéré par ses lâches insultes, le malheureux jeune homme saisit un levier et, la rage dans le cœur, les dents serrées, le visage en feu, il se rue sur la fatale machine et la frappe à coups redoublés pour la renverser et la mettre en pièces.

Mais, au troisième coup, la machine tourne sur la pierre; les ailes, se trouvant opposées au vent, commencent leurs évolutions et le moulin travaille.

Juliane et Childerand poussent un cri de joie, et Jacob se retourne vivement du côté de la foule en relevant la tête. Alors le peuple fit entendre des applaudissements aussi frénétiques que ses insultes d'il y a un instant.

On se rapproche de la cabane, les plus curieux y montent; ils en examine le mécanisme et, enfin, ils en rapportent de la farine et la montrent au peuple.

Les dispositions étaient bien changées; on battait des mains, on entourait Jacob, on le félicitait, on lui prodiguait les louanges les plus enthousiastes, les mères pleuraient et lui prenaient les mains en le nommant le bienfaiteur, le sauveur du pays.

Et Juliane, oh!... elle était heureuse... et elle n'était pas oubliée; les jeunes filles l'environnaient, lui exprimaient bruyamment leur joie et l'étouffaient presque au milieu de leurs embrassements et de leurs caresses.

En même temps, les jaloux, ceux qui s'étaient fait remarquer par la violence de leurs insultes s'échappaient sans bruit, car l'indignation populaire s'était tournée contre eux. On voulait les mettre en pièces. Plusieurs se retirèrent les habits en loques et les épaules toutes noires de coups. On ramassa, dit-on, sur le champs de bataille, des bijoux et des bagues de l'élégant Graindor, et un garçon boucher se couvrir le chef d'une toque de velours ornée d'une belle plume que l'on reconnut pour celle de messire Roland. La journée avait mal fini pour ces messieurs.

En homme de parole, maître Childerand fiança publiquement Jacob et Juliane. Il aurait bien saisi cette occasion pour faire un petit discours, mais, cette fois, ce fut l'émotion qui arrêta son éloquence. Il prit la main de sa fille, la mit dans celle de Jacob et il les embrassa tous deux. La foule battit des mains et toute la montagne retentit d'immenses acclamations.

Alors une fête s'improvisa. A la place

de l'ignominieux triomphe dont, un moment auparavant, on voulait flétrir le pauvre Jacob, on en décerna un véritable aux deux époux. Les jeunes garçons coupèrent des branches, on en fit un brancard élégant. A chaque angle, une colonne de feuillage soutenait un espèce de toit de verdure. Les jeunes filles coururent cueillir des fleurs, en formèrent des bouquets et des guirlandes qu'elles attachèrent gracieusement au brancard avec les rubans de leurs ceintures. Malgré leur résistance, on fit asseoir sur ce trône parfumé et verdoyant les deux fiancés, et on les porta ainsi jusqu'au moulin, au milieu des rangs pressés de foule. Le vieux meunier, entouré de vieillards comme lui, suivait en pleurant de joie.

Il y eut grand repas chez Childerand, les plus notables et les plus amis s'assirent à la table des fiancés. Le riche meunier fit dresser des tables dans sa cour et défoncer des tonneaux de vin. Les pentes de la montagne jusqu'au moulin étaient couvertes de peuple. Les cris de joie attirèrent à Montmartre une partie des habitants de Paris. Les saltimbanques et des marchands de toutes sortes arrivèrent de la ville. Ce ne fu tout le jour que festins, chansons et joyeux ébats qui se prolongèrent, à la lueur des torches, bien avant dans la nuit.

V

Mon vénérable historien avait fini... et j'écoutais toujours, j'étais sous le charme.

— Ah! me dit-il, vous attendez... vous attendez la conclusion de rigueur... Eh! bien oui, Jacob et Juliane furent heureux; il fermèrent les yeux au bon Childerand, ils vécurent longtemps et ils eurent beaucoup d'enfants, ils...

— Et ces enfants?...

— Attendez donc... ils eurent six garçons qui jouirent du privilège accordé à leur père. Car le roi, enchanté de sa découverte, envoya une gratification de dix mille francs à Jacob, et lui octroya ce privilége que chacun des enfants mâles qui naîtraient de son mariage eût le droit de bâtir un moulin. Voilà pourquoi ont voyait jadis six moulins à vent sur cette montagne de Montmartre.

— Ah ! très bien... mais voici ce que je voulais vous demander : et ses enfants furent-ils heureux ?

— Oui, ils furent heureux aussi... ils ne s'occupaient pas de politique, entendez-vous, gens de Montmartre ?...

C'est par cette énergique et originale apostrophe aux gens de Montmartre, que le bon professeur de belles-lettres termina tout son récit.

Alors nous descendîmes les pentes de la montagne, nous rentrâmes à Paris, mon vieil ami me quitta... je n'ai jamais revu son gilet jaune.

Ma tante voulait avoir la légende à son tour. Je protestai qu'il m'était impossible de la raconter ainsi... sans l'écrire, et je pris l'engagement de le faire bientôt. J'ai bien tardé à dégager ma parole. Avant d'écrire, j'ai voulu revoir la montagne, et, il y a quelques mois, je me promenais seul de nouveau sur le plateau de Montmartre. Hélas ! j'y rencontrais bien d'autres souvenirs qu'en 1867 : souvenirs terribles tout palpitants et tout sanglants. Et je me rappelai les dernières paroles du vétéran universitaire :

« Oui, ils furent heureux... ils ne s'oc-
» cupaient pas de politique... Entendez-
» vous, gens de Montmartre ?... »

O Montmartre, *fille des martyrs*, toi qui as reçu un si noble baptême et dont la première page de l'histoire est si belle, toi qui as aussi une si gracieuse et si poétique légende, tu pouvais bien t'en tenir là et tu aurais bien dû ne rien ajouter à ton histoire.

LA MAIN SANGLANTE.

Là haut, là haut, voyez-vous ces ruines?... elles se détachent sur le ciel gris ou sillonné de nuées blanchâtres; elles couronnent une montagné aux pentes escarpées et drapées d'un manteau de sombres forêts: Quand la main du temps ne s'y était pas appesantie, c'était une magnifique résidence : splendide comme un palais et fortifiée comme une place de guerre. C'était le château des comtes de Dachan.

Il y a bien longtemps, en plein moyenge, vivait là, avec sa mère, le dernier rejeton des comtes : beau et fier jeune homme, digne de ses aïeux et le modèle des chevaliers.

Non loin, dans la même forêt, sur une autre montagne s'élevait aussi le château des comtes de Wolfartshausen. Des liens de parenté les rattachaient aux comtes de Dachan. Les deux familles étaient amies et la proximité des résidences établissait entre elles un commerce d'intimité et de fréquentes visites.

Les liens de parenté et d'amitié allaient se resserrer encore.

Les comtes de Wolfartshausen avaient une sœur dont l'angélique beauté, l'esprit cultivé et surtout les douces vertus faisaient le charme de leur intérieur et ravissaient tous ceux qui l'approchaient Depuis son enfance, le comte de Dachan s'était attaché à elle comme à une sœur et bientôt il avait pu lui donner un nom plus doux : elle était sa fiancée, le temps fixé pour le mariage approchait. La riche dot de la jeune fille était prête et, dans les deux châteaux il y avait un mouvement inusité : des préparatifs magnifiques occupaient tout le monde. Les écuyers et les pages allaient revêtir des livrées neuves où étaient brodés les écussons réunis des deux familles.

Enfin, à la grande satisfaction de tous, les fêtes de Noël, époque fixée pour la célébration du mariage, arrivèrent.

Le soir de Noël, la veille du grand jour, le jeune comte, tout à son bonheur, rêvait, accoudé à une fenêtre, il considérait le sentier par où sa fiancée devait venir le lendemain. Si les cœurs étaient en fête, la nature ne l'était guère : de grises vapeurs s'élevaient du fond de la vallée, la bise soufflait avec violence, roulait les feuilles sèches, courbait la cime des futaies. Le comte eût voulu que de mystérieux et invisibles messagers pussentporter ses pensers d'affection et d'espérance jusqu'à sa fiancée et de noires légions de corbeaux, avec leur croassement sinistre, s'en allaient à tire d'ailes du côté du château de Wolfartshausen comme pour annoncer des malheurs. De son côté, la jeune comtesse, lasse de présider aux détails de sa toilette du lendemain et d'admirer les somptueux habits et les richesses de son écrin, s'était aussi appuyée à une fenêtre. Les mêmes scènes lugubres se déroulaient au dehors. Tout à coup elle aperçoit s'élançant du bois un cerf poursuivi par des loups ; le bnole animal était haletant ; malgré ses ruses et son courage, il finit par succomber et devenir la proie de ses ennemis. Une étrange tristesse avait succédé, chez la jeune fille, à ses élans de joie, à ses songes de bonheur.

Mais à vingt ans les impressions pénibles s'enfuient vite ; chez elle et chez le chevalier les rêves de bonheur revinrent vite aussi chasser les sombres pressentiments.

Le lendemain on attendait la comtesse avec son cortége, car le mariage devait se célébrer dans la chapelle du château de Dachan. Là tout était mouvement et joie et bientôt le chevalier paré de ses habits nuptiaux, monté sur son dextrier, entouré de tous ses gens, descendit les pentes de la montagne pour s'avancer au-devant de sa future épouse.

Mais on allait trop lentement au gré de son impatience. L'on n'était pas encore au fond de la vallée que, lâchant la bride à son superbe coursier, il s'élança par un chemin plus court, au milieu du bois et s'y enfonça si loin que sa suite n'aurait pu même entendre sa voix.

La troupe continua donc d'avancer sans son maître et elle eut bientôt atteint le cortége de la fiancée. On s'étonna de n'y point trouver le jeune comte, et l'on pensa qu'il avait un peu allongé son chemin en se trompant de sentier mais qu'il allait bientôt reparaître. La fiancée accompagnée de ses deux frères, suivie d'un train magnifique, arriva ainsi au château de Dachan où l'attendait une nombreuse et brillante compagnie. Sa beauté relevée par ses riches habits et ses joyaux provoqua un murmure d'admiration. Les deux familles se félicitèrent réciproquement de l'heureux événement qui allait les unir plus étroitement et qui rassemblait tant de nobles hôtes.

Cependant la jeune fille commençait à s'étonner et à s'inquiéter : son fiancé n'était pas de retour. Quelques instants s'écoulèrent et la mère du comte ne put dissimuler sa tristesse et ses craintes. Elle donne l'ordre à ses écuyers et à ses pages d'aller au-devant de lui. Ils partent suivis du petit chien du chevalier qui s'élance cherchant la trace des pas de son maître et flairant chaque buisson.

— Evidemment, disaient les comtes de Wolfartshausen à leur sœur, il va revenir dans un moment. Dans sa précipitation, il aura pris un sentier inconnu qui l'a égaré, et à supposer qu'il n'ait pu se remettre lui-même dans la bonne voie, les écuyers vont l'appeler avec le son du cor et ils le ramèneront. Qu'il nous trouve donc à table et commençons sans lui à fêter gaiement son retour.

En effet le souper est servi dans la grande salle splendidement ornée. Sur les étagères et sur les tables, les riches surtouts, les plats d'argent, les aiguières d'or, la vaisselle de vermeil brillent aux feux des bougies qu'on vient d'allumer. Les dames et les cheʌaliers, dans d'élégantes toilettes, prennent leurs places à table. Une seule est vide à côté de la jeune comtesse, l'absence en effet se prolonge d'une manière inexplicable. On essaye de chasser les sombres idées mais elles saisissent tous les convives ; un morne silence finit par envahir la salle; des larmes coulent des yeux de la mère. La jeune épouse agitée tourne sans cesse ses regards vers la porte ; son sein se gonfle par la douleur, elle pousse un profond soupir, son collier se rompt et les perles roulent de tous côtés sur la table !... A cette vue, à ces signes funestes les convives muets de terreur quittent la table ; on enlève les mets et les vases de vermeil : on va s'asseoir autour de la salle et on attend l'arrivée du chevalier. Un silence solennel, plein d'angoisse règne dans cette foule brillante.

En ce moment un vent furieux semblait bouleverser la montagne. Les rafales courbent les cimes des sapins, mugissent dans les cours du château, gémissent comme une plainte funèbre, dans les longs corridors. Des tourbillons de neige commencent à descendre du haut des rochers dans la vallée comme un suaire qu'on déroule ; enfin les nuages s'écartent et les pâles rayons de la lune, malgré les feux des lustres, pénètrent dans l'appartement comme les reflets des torches mortuaires... et les oiseaux de nuit, en volant le long des vitraux, jettent des cris sinistres et prolongés...

La pauvre fiancée cache son visage dans ses mains, elle frissonne. En même temps les sons du cor retentissent, le pont-levis est baissé et la porte donne entrée à la troupe haletante des écuyers et des pages qui se précipitent dans la cour, comme s'ils étaient poursuivis par les fantômes de la nuit. Toute la noble assistance rangée autour de la vieille comtesse et de sa bru, attend en silence ce qu'on va leur apprendre, quand un cri plaintif attire les regards du côté de la porte de la salle. Le petit chien du chevalier accourt à la mère de son maître et il dépose à ses pieds... une main coupée et sanglante qu'il lèche en gémissant. Cette main, encore ornée d'une bague avec émeraude, la mère et la fiancée la reconnaissent et tombent évanouies.

Un crime épouvantable avait donc été commis.

Tandis que les femmes s'empressent autour des deux infortunées, les chevaliers prennent les armes suivis de leur gens et de ceux du château. Ils s'élancent dans la forêt qu'ils parcourent dans tous les sens. Le chien fidèle les précédait poussant des cris lugubres et flairant partout, cherchant les traces de son malheureux maître.

On erra ainsi plus d'une heure sans succès, quand le petit chien s'arrêta enfin sur un tertre et avec ses pattes essaya de le fouiller en redoublant ses gémissements. Plus de doute alors ; on creusa cette terre fraîchement remuée et on y trouva le corps nu du jeune comte de Dachan auquel on avait coupé une main. Ne pouvant sans doute arracher l'anneau aussi vite qu'ils auraient voulu, les brigands avaient coupé la main et, dans leur fuite rapide, ils l'avaient perdue, laissant ainsi un indice providentiel.

Les chevaliers se dépouillèrent de leurs manteaux et enveloppèrent le corps de la victime qu'on plaça sur un brancard de feuillages. Puis ôtant les plumes de leurs chapeaux, et les pages les rubans et tout ce qui rappelait la joie d'une fête si tristement changée en deuil, ils s'acheminèrent vers le château dans un morne silence.

Du haut des tours, de la porte et des courtines on attendait leur retour. Les prêtres allèrent au-devant du cortége jusqu'au bas de la montagne et ramenèrent en priant le corps du jeune seigneur. C'était le dernier de sa race, avec lui fut éteinte cette famille de Dachan. Les pompes sévères des funérailles remplacèrent les cérémonies du mariage et l'on déposa les restes mortels du dernier Dachan dans le caveau de la chapelle à côté de ses ancêtres.

Couvertes de longs voiles noirs et de crêpes, la mère et l'épouse se prosternèrent au pied de l'autel et firent le vœu solennel de renoncer au monde. Puis elles consacrèrent leurs biens à fonder un monastère de l'ordre de Saint-Benoit où l'on prierait jour et nuit pour le repos de l'âme du malheureux chevalier.

Mais la main de Dieu était sur les coupables et le crime ne resta pas impuni, les assassins furent tous arrêtés. Ils avouèrent leur forfait. Ils avaient assailli le jeune comte séparé et éloigné de son escorte ; en vain avait-il essayé de se défendre en vain avait il offert pour racheter sa vie tout ce qu'il possédait, ils l'avaient impitoyablement percé de coups, l'avaient dépouillé de ses riches habits et de ses joyaux, emmenant son cheval et, pour ne point trop s'attarder, avaient coupé sa main pour emporter plus vite la bague qui l'ornait.

La justice fit son œuvre et les assassins furent tous mis à mort.

Le fief de Dachan parvint alors par droit de succession aux comtes Palatins de Bavière qui firent ériger plus tard un chapelle sur le lieu même où le meurtre avait été commis.

LE BANQUET DES ASTRONOMES.

Je viens de recevoir d'un astronome de mes amis la lettre suivante, qu'il me prie de faire passer sous les yeux du chroniqueur de la *Gazette de France*. Je ne trouve pas de meilleur moyen pour cela que de la publier dans le *Clocher* :

V....., 19 décembre 1872.

Mon cher ami,

Vous avez pu lire, comme moi, dans la chronique de la *Gazette de France* du 13 décembre, 3e page, 4e colonne, les lignes suivantes :

« Dans le courant du mois prochain, il » y aura à Paris un grand congrès d'astronomes.

» On parle d'un banquet donné à ces » mages venus, non pas del'Orient, mais » d'Allemagne, d'Angleterre et de Russie.

» Naturellement, ils ne boiront que du » vin de la *Comète*. Nous ne pensons pas » d'ailleurs qu'il se trouve aucun restaura- » teur assez hardi pour rêver de leur don- » ner un filet de *Grande Ourse*. »

(Ah ! vous ne pensez pas cela, monsieur le Chroniqueur de la *Gazette!*... nous allons voir tout à l'heure).

Voilà ce que vous avez lu, mon cher ami ; mais ce que vous ne savez pas encore, c'est que je suis chargé de vous faire parvenir une invitation à ce congrès et à ce banquet... à vous et à deux ou trois autres. J'y suis donc invité moi-même?... Eh ! oui, malgré mon peu de mérite, et vraiment je ne sais ce qui m'a valu cet honneur. Pour vous, je crois bien, sans vous flatter, que c'est la savante description que vous avez faite d'une éclipse de lune dans un journal de province, et aussi votre qualité de rédacteur du *Clocher;*

quand on habite les clochers, on est astronome.

Maintenant, quoi qu'en dise la *Gazette*, il y aura des astronomes d'Orient et de l'extrême Orient, c'est-à-dire de la Chine; il y en aura de l'extrême Occident, c'est-à-dire de l'Amérique.

Mais que va donc imaginer là ce timide journaliste... aucun restaurateur ne sera assez hardi pour rêver de leur donner un filet de *Grande Ourse?* D'abord les astronomes, sans vouloir s'en rapporter au génie d'un restaurateur, organiseront eux-mêmes le banquet, et il n'y manquera rien. On dirait que ce monsieur de la *Gazette* ne se doute pas des ressources qu'ont des astronomes. On dirait qu'il ne connaît pas même les signes du Zodiaque.

D'abord qu'il sache que les deux chasseurs célestes, le *Sagittaire* et *Orion*, sont déjà en campagne, ils parcourent le firmament et tout tombe sous leurs traits.

Eh bien! oui... il y aura du beefsteak de la *Grande Ourse*. — Alexandre Dumas ne nous a-t-il pas appris que le beefsteak d'ours est très bon? — Il y en aura de la

Petite Ourse... Je vous recommande celui-là, il sera plus tendre.

Maintenant sans sortir de la zone du *Zodiaque*, que de mets excellents dont quelques-uns sont très rares!... Il y aura (développez sous vos yeux votre mappe-monde céleste), des côtelettes du *Lion*, un gigot du *Bélier*, un filet du *Taureau*. Et puis les plats maigres ne feront pas défaut; nous aurons les *Poissons* brasés et l'*Ecrevisse*, qui se multipliera jusqu'à former un magnifique buisson. Mais ce n'est pas tout. Pour les plus splendides festins ordinaires, on peut tout au plus dire qu'on a mis à contribution la terre et les mers... Peuh! ici nous avons l'immensité du ciel!... car, voyez donc... hors du *Zodiaque*, maintenant, nous avons :

Pour le potage, *le Corbeau*, qui fait de très bon bouillon, dit-on, puis *l'Aigle* et *la Grue*, un peu durs peut-être; mais, on les laissera faisander; ensuite *le Lièvre* en civet et des tronçons de *Serpent* en mayonnaise. — Vous en mangerez si vous voulez, vous ne serez pas forcé. — Bien plus, nous reviendrons aux usages de nos pères. Comme aux grands banquets seigneuriaux du moyen âge, nous installerons pour plat de rôt, *le Paon* orgueilleusement paré de l'éventail de sa queue.

Et nous voulons être polis envers les étrangers... pas trop pourtant envers les Teutons. — Figurez-vous que *Pégase*, même *Pégase*, l'a échappé belle. Les astronomes teutons l'avaient condamné, les uns voulaient un cuisseau de *Pégase*, à la gelée de groseilles, d'autres ses rognons sautés, d'autres enfin..... *horribile dictu!...* ses ailerons à je ne sais quelle sauce! On a fini par faire entendre raison aux Teutons... *Pégase* nous reste et avec ses ailes, monsieur le rédacteur du *Clocher*, avec ses ailes!... Mais quels ventres que ces Teutons!... et peu poètes... — Enfin il faudra bien faire quelque chose pour les étrangers. En l'honneur des savants du Kamtschatka, il y aura des tranches de la *Baleine* marinée et un pâté du *Dauphin*. *Le Loup* nous fournira un jambon que nos collègues Yankees ne dédaigneront peut-être pas; on servira même une épaule du *Grand Chien*, ce sera une gracieuseté à l'adresse des astronomes chinois.

Quant à vous, mon cher ami, croyez-vous que les ordonnateurs du banquet seront embarrassés pour vous offrir des plats sucrés ; œufs au lait, crèmes à la vanille ?... Oh ! non : n'ont-ils pas les œufs du *Cygne* et le lait de *la Chèvre ?* et, si vous n'aimez pas le lait de chèvre, on puisera à pleines jattes dans la *Voie lactée*.

Mais des savants ne sauraient oublier que les plaisirs d'un ordre plus élevé doivent ennoblir les festins. Comme chez les anciens, les doux sons de *la Lyre*, charmeront les convives, et quand *la Coupe* circulera fraternellement, les astronomes jureront de s'aimer et de se soutenir comme des *Gémeaux*.

Vous allez peut-être me faire une objection... et me répondre qu'à ce beau festin vous ferez triste figure... parce que, selon toute apparence, il n'y aura pas de pain...

Pas de pain !... et *la Couronne ?*... mon cher ami, avec *la Couronne* on ne meurt pas de faim... et on l'apportera *la Couronne* de pain blanc et doré, et quand nous aurons *la Couronne*, il n'y aura plus rien à désirer, tout sera pour le mieux.

Ainsi donc, monsieur le rédacteur du

Clocher et bien cher ami, vous serez des nôtres... et vous ne vous laisserez pas effrayer par les mauvaises langues qui prétendent déjà qu'il y aura du bruit... à ce banquet. Il peut bien y avoir là quelque chose de fondé... je vous confie cela tout bas... En effet, à cette docte réunion, il se trouvera pas mal de vieilles perruques; naturellement on aime à se rajeunir et chacun voudra s'emparer de la *Chevelure de Bérénice*. De là des disputes, des querelles et peut-être des rixes... Quel scandale ce serait!... Mais n'ayez pas peur, l'on a tout prévu : le *Dragon* sera là bien armé et il rétablira l'ordre si, ce qu'à Dieu ne plaise, on essayait de le troubler.

Je n'ai plus qu'un mot à vous dire... j'allais oublier une chose que la *Gazette* n'a pas oubliée (c'est ce qu'elle a dit de mieux et de plus vrai) :

Oui, au banquet, l'on ne boira que du vin de *la Comète* blanc et rouge et du plus fin. Que cela ne vous effraye pas non plus. Pour les gens sobres ils s'arrangeront comme ils voudront; car, parmi les gens de service, il y aura *le Verseau*. Seulement je ne vous conseille pas d'avoir trop souvent recours à son ministère et cela pour deux raisons. D'abord ce pauvre *Verseau* a eu tant de besogne depuis plus d'un mois !... en a-t-il versé de l'eau !... il doit avoir le bras bien las... il faut le ménager. Puis le banquet sera suivi de grandes observations astronomiques, de l'étude complète du ciel et il n'y a rien comme le vin doré de *la Comète* pour disposer à ces observations-là. De copieuses libations agissent merveilleusement sur l'appareil visuel. — Il n'y aura pas besoin de télescopes. A l'œil nu, les savants verront alors les *étoiles doubles* et les mouvements des corps célestes et de notre gloire se dévoileront magnifiquement... La terre, le soleil, la lune, les étoiles, les planètes tourneront, tourneront, tourneront... enfin, devant les heureux astronomes, tout tournera ! ! !...

Maintenant, quoique j'en ai dit, mon cher ami, tâchons, nous autres, d'avoir recours assez souvent au ministère du *Verseau*, afin de pouvoir charitablement offrir le bras à ceux de nos collègues qui perdront *la Tramontane*.

A ce jour-là donc... En attendant, tout à vous de cœur, votre bien sincère ami.

F. E. Adrien.

J'ai accepté bien entendu une si aimable invitation. J'ai mis dans *la Balance* avantages et inconvénients et je me suis vite décidé :j'irai au banquet, et je suivrai les conseils qu'on me donne là ; j'aurai recours, comme il convient et au risque de ne pas voir tant tourner les corps célestes, au ministère du *Verseau* et j'offrirai mon bras à celui-ci et à celui-ci-là, voire même à mon ami l'astronome, si besoin est.

FIN.

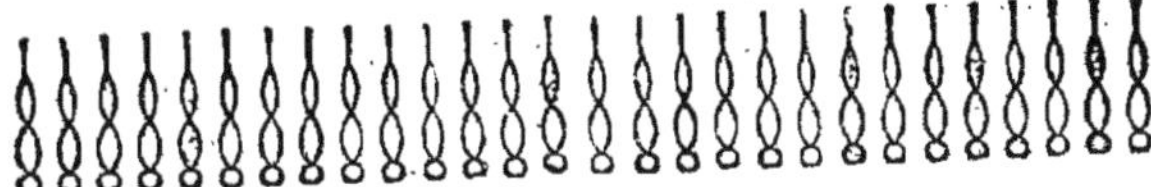

TABLE.

FIN DE LA TABLE.

Limoges. — Imp. F. F. Ardant frères.

www.ingramcontent.com/pod-product-compliance
Ingram Content Group UK Ltd.
Pitfield, Milton Keynes, MK11 3LW, UK
UKHW022119260726
13993UKWH00003B/1106

9 782019 946654